UN ESSAI

sur l'art

de Coloniser

LES BOËRS

AU CONGO

par

HENRY DE GOESBRIAND

LANDERNEAU,

Imprimerie J. DESMOULINS, rue Lafayette, 7

— 1900 —

UN ESSAI

sur l'art

2me PARTIE

de Coloniser

LES BOËRS

AU CONGO

par

HENRY DE GOESBRIAND

LANDERNEAU,

Imprimerie J. DESMOULINS, rue Lafayette, 7

— 1900 —

LES BOERS AU CONGO

I

— Les Boërs au Congo !…allons donc !

—· Eh mon Dieu ! pourquoi pas ? La guerre, hélas ! touche à sa fin, encore une fois la force prime le droit : malgré la rare énergie de l'illustre président Krüger, si digne de notre respect et de notre admiration.

Malgré l'habileté et les efforts héroïques des Botha, des Dewet, des Larey…

Malgré l'indomptable courage et la remarquable endurance des braves Boërs et de leurs alliés de l'*État Libre* d'Orange, le crime ignoble des Chamberlain et autres Céciles Rhodes bientôt sera perpétré !…

— Mais, les puissances ?

— Oh, trop occupées à contempler — comme des dogues affamés, regarderaient un os — ce grand point d'interrogation que les Célestes — si mal nommés, bien mal inspirés aussi — viennent de poser sur leur propre carte ; hypnotisées, les puissances ; elles ne bougeront pas et, c'est avec trop de raison que la « Nowoïé Vrémia » vient de dire :

« *En gardant le silence dans le drame qui se*
« *joue dans le Sud-Africain, l'Europe a, de ses*

« *propres mains détruit cet édifice de l'humanité*
« *qu'elle avait construit avec tant de peine.* »

Si triste que cela soit, nous pouvons donc envisager l'hypothèse d'un exode en masse que ce peuple, si noble et si fier préférera, certainement, à la servitude, mais, où va-t-il se réfugier ?

La sympathie que la France entière lui a témoignée, sans réserve, durant le cours de cette longue année d'épreuves et de souffrances, ne nous fait-elle pas un devoir de nous en préoccuper ? eh quoi ! après tant de protestations d'amitié nous assisterions, impassibles, à leur ruine, sans rien tenter pour leur venir en aide !

Non ! non ! le peuple Français est un peuple généreux et c'est avec le plus grand plaisir qu'il offrirait à ses bons amis du Sud-Africain, l'hospitalité la plus large, dans l'une ou l'autre de ses colonies ! qui donc oserait en douter ?

Mais, la chose, réellement, est-elle possible ? *vouloir* n'est pas *pouvoir* ! à conquérir ou à acquérir, toutes ces colonies nous ont coûté gros et nous devons y regarder de près, avant d'en aliéner gratuitement une seule parcelle, pouvons-nous donc céder au peuple

Boër un territoire assez étendu pour le contenir ; un territoire où il puisse s'établir, se refaire et vivre ?

Nous le pouvons, absolument, et, dans des conditions telles, qu'un jour *peut-être*, l'occasion se présentera pour lui, de reconnaître ce petit service, tout en goûtant un plaisir, qui, dit-on n'appartient qu'à Dieu.

— Comment cela ? et où ?

— J'y arrive, mais, qu'il me soit d'abord permis d'exposer ici *mon* programme d'expansion coloniale, le seul, je crois, qui soit de nature à nous assurer un lendemain ; je le ferai aussi brièvement que possible.

Le premier point pour nous doit être de faire un choix judicieux des colonies, le mieux à notre convenance ; des colonies que nous puissions, raisonnablement prétendre civiliser et *conserver* ; car, vraiment, l'état des choses actuel ne saurait indéfiniment se prolonger, une entente générale entre les puissances est trop difficile à établir et à maintenir.

Promptement l'œuvre internationale s'effondrerait

dans le plus terrible gâchis, comme autrefois la fameuse tour de Babel, non pas tant par la confusion des langues que par l'âpreté des convoitises, on le reconnaîtra bientôt.

La police du monde sauvage devra être faite par les nations civilisées, chacune agissant dans sa zône, librement et sans contrôle ; pour cela un remaniement de la carte semble s'imposer.

Quoi qu'il advienne et sans plus nous occuper des autres, nous allons, si vous le voulez, rechercher quelles seraient pour nous les colonies les plus avantageuses, nous tâcherons ensuite de nous les faire attribuer, par voie d'échanges, nous nous y confinerons, autant que possible en y concentrant tous nos efforts, toutes les ressources de notre budget colonial.

Fertilité du sol, variété des produits, salubrité, étendue, proximité, telles sont, n'est-ce pas, les principales conditions que doit réunir une bonne colonie.

Salubrité, fertilité.... évidemment ! variété... moins indispensable, sans doute, t ès utile cependant, une bonne ménagère n'aime-t-elle pas trouver dans son potager tous les légumes nécessaires à la composition d'un bon pot-au-feu. ?

Etendue... étendue relative, naturellement, et en rapport avec l'importance de la métropole, avec ses ressources budgétaires, et, combien plus économique la mise en rapport d'une seule et unique colonie, bien arrondie, toute d'un tenant, nous donnant, avec la moindre longueur de frontières, causes trop fréquentes de conflits, une plus grande liberté d'action et aussi une plus grande facilité de concentration.

Quant à la proximité, que, jusqu'à présent nous ne semblons pas avoir suffisamment appréciée, elle est essentielle, à mes yeux, pour diverses raisons qu'il *devrait* être oiseux d'avoir à exposer ici.

N'y a-t-il pas d'abord, une presque certitude de conserver des possessions très rapprochées de la Mère-Patrie ?

Pourquoi, par exemple, avons-nous perdu les Indes ?

Pourquoi sommes-nous *exposés* à perdre un jour le Tonkin, le Cambodge, l'Annam ?... Madagascar, peut-être ?

Quel pessimisme ! dira-t-on, est-ce donc d'un bon Français de parler ainsi ?

Eh, mon Dieu ! J'ai applaudi, moi, aussi, le fier

langage de l'amiral Fournier disant à d'arrogants voisins :

— *Ne vendez pas la peau de l'ours avant de l'avoir tué !*

Mais enfin, ne faut-il pas voir les choses comme elles sont.

Cela n'est-il pas mieux que de prendre toujours nos désirs pour des réalités ?

N'est-il pas sage de prévoir l'avenir et, surtout de le préparer ?

Et où, pour cela, trouver de meilleures leçons que dans l'histoire ?

La proximité des colonies offrirait encore à la métropole d'immenses avantages ; d'abord pour les communications une grande économie de temps, de matériel, de charbon... puis, pour nos colons et pour nos soldats, à l'aller et au retour, un bien-être et un confort qu'ils ne connaissent pas aujourd'hui; une seule citation à l'appui :

« *On*[1] *se plaint du mauvais service des navires*
« *affrétés pour le rapatriement de nos troupes et,*
« *surtout de nos malades qui y sont très mal,*

[1] Amiral Rieunier, (séance du 20 mars 1899.)

« *or, nous avons à Toulon d'excellents transports*
« *qu'on n'utilise pas,* **faute de ressources**
« **budgétaires.** »

Par l'étendue de ses côtes et de ses frontières,
la France se voit dans l'obligation d'entretenir, à
la fois, et une flotte puissante et une armée nom-
breuse, parfaitement instruite. Ce sont là des charges
écrasantes, auxquelles n'est soumise aucune autre
puissance.

A ces deux causes de ruine était-il prudent et
sage d'en ajouter une troisième : la conquête et la
colonisation de régions lointaines?

De cette politique... un peu légère, désire-t-on
connaître les fruits ? Voici ce que disait Monsieur
Doumergue, rapporteur du budget des colonies dans
la séance du 6 mars 1899 :

« *Si nous voulions établir de la même façon*
« *que l'Angleterre les dépenses coloniales fran-*
« *çaises, le budget des colonies représenterait à*
« *charge de la métropole, annuellement, j'en ai*
« *fait le calcul, une somme de 150 millions, en*
« *tenant compte des dépenses nécessitées par* **l'aug-**
« **mentation de la flotte** *et les arrérages*

« *des dettes contractées pour l'acquisition et la*
« *défense des colonies, qui s'élèvent de 1885 à 1898*
« *à* **un milliard six cent millions,** *non*
« *compris l'Algérie et la Tunisie.* »

De ces deux citations, il ressort nettement, n'est-ce pas ? que, non seulement, nous ne pouvons faire, pour la mise en rapport, *immédiate* de nos colonies, les sacrifices nécessaires, mais même que nous sommes impuissants à donner à nos colons, la protection à laquelle ils ont droit. Ni au Soudan, ni au Congo, après une occupation déjà longue pourtant, nous ne voyons ni voies de pénétration, ni établissements de quelque importance, si indispensables à toute colonisation.

Des missions-fantômes errent dans ces régions désolés, comme des âmes en peine, trop souvent sans but bien défini, semant après elles des morts et des mourants, se trouvant quelquefois dans l'alternative, ou de massacrer les indigènes ou d'être massacrées par eux !

Autre chose encore ; — avec effroi nous voyons notre belle France se dépeupler de plus en plus chaque jour ; il y a là un grand mal à conjurer, où est donc le remède ? mais, c'est bien simple : —

Envoyons nos enfants coloniser au loin !

Nous sommes trop peu déjà, soyons moins encore !

A quoi bon nous concentrer? serrer nos rangs?
allons donc ! éparpillons, au contraire, nos forces sur
toute l'étendue du globe terrestre... par petits paquets...
Voilà, n'est-ce pas, qui est raisonner?

Et, à mesure que nous nous écartons de notre point
de départ, nous *allongeant* de plus en plus, regardant
toujours en avant, très loin, nos colonies les plus
rapprochées de la France, peu à peu se peuplent
d'étrangers : Italiens, Espagnols, Maltais qui sans
coup férir, par le seul fait de leur présence en deviendront
un jour les maîtres.

Non ! non ! ne nous éparpillons pas de par le
monde! Tout comme l'union, la concentration fait la
force !

Méditons aussi ce vieux proverbe : « *qui trop
embrasse, mal étreint.* » pour la circonstance, com-
plétons-le ainsi : « *qui mal étreint, ne saurait
conserver.* »

II

Eh bien ! fertilité, variété des produits, salubrité, étendue, proximité... tout cela nous le trouvons réuni sur le continent africain, dans des régions qui, pour les six dixièmes, au moins, déjà nous appartiennent : le Soudan, le Sénégal, l'Algérie, la Tunisie, le Congo, etc...

Fertilité, variété des produits ?... Blé, bétail, vin, riz, maïs, sucre, bananes, tabac, café, cacao, vanille, caoutchouc, huile, sparte, oranges, gomme, coton, manioc, etc. etc... N'est-ce donc pas assez, et que pouvons-nous désirer de plus ?

Salubrité ?... Dans l'Algérie et dans la Tunisie, tout au moins, les deux meilleures colonies *d'occupation* qui soient au monde, et qui peuvent recevoir encore plus de vingt millions de colons !

Etendue ?... Pensez donc ! l'Algérie, la Tunisie, le Sénégal, le Soudan, le Congo, l'Oubangui, le Baguirmi, le Damergou, etc., bien plutôt trop que pas assez ! du travail sur la planche pour plusieurs siècles.

Proximité ? sous la main, absolument ! la Méditerranée à traverser... 28 heures de bâteau !

— C'est vrai ! mais les enclaves !

— Remarquons, tout d'abord, que, ni le Maroc, ni les petits états ou colonies du littoral : la Guinée Portugaise, Libéria, le Togo, l'Achanti, Sierra-Léone, ne peuvent être considérés comme des enclaves proprement dites, ils ne nous gênent en rien, il est même préférable que les deux derniers demeurent *encore* possessions anglaises, je dirai tout à l'heure pourquoi. Mais, le Caméroun des Allemands ? mais le Sokoto des Anglais, et leur Kano, et leur Kouka ?

Voilà, j'en conviens, des enclaves sérieuses et fort gênantes ! elles coupent en deux, nos belles possessions d'Afrique, leur enlevant l'inappréciable avantage de ne faire qu'un tout homogène, bien arrondi, d'un seul tenant ; leur donnant, en plus, une très grande étendue de frontières, encore mal définies, qui, un jour, pourraient nous créer de sérieuses difficultés avec l'un ou l'autre de nos voisins, avec les deux, peut-être. Le Sokoto, surtout, nous porte le plus grand préjudice, en ce qu'il nous barre la route la plus directe de l'Océan au lac Tchad, qui est par le Niger et la Bénoué.

Oui ! tant que nous ne disposerons pas de cette

route, la possession du Tchad et des régions environnantes : Ouadaï, Baguirmi, Kanem — à nous
appartenant de par la convention Franco Anglaise du
21 mars 1899 — sera bien illusoire et l'on comprend
le sentiment — bien anglais — qui poussa l'Angleterre
à nous en faire si aisément l'abandon.

Tout simplement, elle nous confie le soin de les
déblayer, en réduisant les Rabah et autres bandits
qui y arrêtent toute civilisation, de les mettre en
rapport, puis, tout doucement, elle *poussera* une voie
ferrée de la Bénoué à Kouka et drainera à son
profit tous les produits du centre-africain, dont elle
accaparera et monopolisera le commerce.

Déjà, en la débarrassant sur le Nil, des Derviches,
ses ennemis, la mission Marchand lui a rendu pareil
service.

Ah ! N'est-ce pas notre rôle de toujours tirer les
marrons du feu pour que toujours elle les mange ?

Cependant, ne pourrions-nous obtenir par voie
d'échange, la cession de ces deux vastes colonies ?

En offrant, par exemple aux allemands, Madagascar
pour le Caméroun et le Togo, et aux anglais, un
équivalent de leur Sokoto, du Bornou, de Kouka,

dans nos possessions d'Extrême-Orient ?

L'Allemagne *toperait*, j'en ai la conviction et même, nous donnerait du retour ; cette île superbe et leur Afrique Orientale, commandent le canal de Mozambique, réunies, elles formeraient un magnifique domaine colonial. (1)

Mais l'Angleterre ? oh ! cela est plus problématique ; cependant l'offre, sans doute, lui paraitrait bien tentante ; le Tonkin ajouté à leur empire des Indes !

Supposons donc qu'elle accepte et, nous plaçant dans cette hypothèse, voyons qu'elle serait notre situation Coloniale, comparée à ce qu'elle est aujourd'hui :

En Extrême-Orient, nous avons conservé un pied-à-terre, indispensable à la protection de nos Nationaux, le Cambodge et la Cochinchine, par exemple ; mais, notre principale Colonie se trouve en Afrique, à elle seule elle nous suffit largement, son étendue est immense ; voyez la carte ! de Tunis à Brazzaville, du Cap-vert au lac Tchad ! plus loin encore vers l'Orient si *cela nous dit !*

(1)Il est bien entendu que cette transaction ne sanctionnerait en rien l'annexion de l'Alsace-Lorraine. Question à part et réservée.

Vraiment c'est trop et la perte de nos autres colonies ne nous semblerait plus aussi sensible.

C'est trop et nous n'aurions, vraiment pas grand mérite à y tailler pour nos amis du Transvaal et d'Orange, une petite part ; cette petite part me semble tout indiquée ce serait cette partie méridionale de notre Congo, que limiterait au nord une ligne allant de l'embouchure de l'Ogooué à la Sangha.

Nous nous réserverions, toutefois, l'emplacement d'une voie ferrée de Loango à Brazzaville, ces deux localités et la libre navigation du Congo.

Quant aux autres conséquences de ces échanges, elles seraient certainement, pour nous, des plus heureuses et, bien faciles à prévoir ; la voie ferrée Trans-saharienne, dont le tracé, est déjà fait jusqu'à Tombouctou, par l'ingénieur Dupanchel, se prolongerait jusqu'au *Congo-Boër*, reliant en un seul faisceau nos possessions d'Afrique, *nous permettant* de desservir cet immense pays, par la seule Méditerranée et, en cas de conflagration Européenne, de rapatrier notre armée coloniale, avec une grande rapidité.

Le rôle de notre flotte, deviendrait, dès lors, beaucoup moins important ; il se réduirait au transport de nos troupes à une très faible distance et à la défense de nos côtes, à laquelle, déjà, suffisent presque nos torpilleurs et nos sous-marins.

Le détroit de Gibraltar et le canal de Suez ne seraient plus pour nous des passages absolument indispensables et, par là, cesseraient d'être une cause de conflit entre la France et l'Angleterre.

Est-il bien utile d'étudier longuement ici, la marche à suivre pour achever la colonisation de notre empire d'Afrique ?

Dans la première partie de ce travail, éditée en 1893, j'indiquais le moyen de peupler promptement, de Français, le Tell Algérien — Colonie *d'occupation* — pour une colonie *d'exploitation* il importe, d'abord, d'ouvrir des voies de pénétration stratégiques et commerciales, puis, je l'ai dit plus haut d'y créer de loin en loin, des centres, disposant de forces suffisantes, non seulement pour contenir les régions environnantes, pour étouffer dans l'œuf, toute tentative de rébellion, mais encore, pour que des missions, des expéditions puissent s'y organiser, y compléter leur effectif, si elles sont de passage, s'y reposer, s'y pourvoir de vivres et de munitions ainsi que de ces mille articles de camelote, monnaie courante des pays sauvages, pacotilles encombrantes et peu portatives, que nos explorateurs, aujourd'hui sont réduits à colporter à grands frais, le plus souvent à dos d'homme, d'un bout de l'Afrique à l'autre et qu'il serait infiniment plus simple et plus économique de fabriquer dans le pays même.

On sait les folles distances qu'ont à parcourir nos missions dans le continent Africain, sous un soleil brûlant, qui, à la longue énerve les plus pondérés, les affolle en leur faisant contracter cette fièvre terrible connue sous le nom de " Soudanite " dont on ne connait que trop les épouvantables effets.

Est-ce impunément, aussi, que les soldats les plus disciplinés, se sentent, pendant de long mois, pendant des années, maîtres presque absolus de leurs actions, en pleine brousse, commandés par quelques officiers seulement, qui, par l'éloignement même, perdent toute autorité, tout ascendant ?

Fatalement, en respirant ainsi, le grand air de la liberté, ils peuvent être amenés à secouer le joug pesant de la discipline. Eh bien ! n'est-il pas évident que, si, au lieu d'avoir à franchir ces distances fantastiques, les missions, de temps à autre, rencontraient un centre important, siège de l'autorité civile et militaire, peuplé de compatriotes, pouvant leur servir de refuge, permettant aux hommes de se reposer, de se remettre, de se ressaisir, n'est-il pas évident que le moral de ces hommes serait tout autre et que la tâche des officiers en serait, par là même, singulièrement facilitée ?

Ne nous faisons pas illusion, d'ailleurs, si nous voulons assurer à nos colonies d'Afrique une protection réellement efficace de grandes forces nous seront nécessaires ; nous aurons, en effet à repousser et à réduire les Marocains, les Touaregs les Musulmans de la Tripolitaine, dont nous ruinerons le commerce, en entravant la traite des nègres, car, ce commerce infâme, nous devons, à tout prix l'abolir, l'humanité, d'abord, nous en fait un rigoureux devoir, c'est, de plus, une condition ''Sine quâ non '' de réussite pour notre œuvre de colonisation.

Nous aurons aussi à nous opposer à ces razzias de troupeaux, qui, dans certaines régions rendent impossible l'élevage du bétail ; écoutez ce qu'en dit Junker :

« *Depuis l'irruption des marchands de Khartoum,*

« *l'élevage, principale occupation et source essen-*
« *tielle de vie, avait à peu près disparu, le vol*
« *incessant de bœufs, que les envahisseurs Nubiens,*
« *mieux armés que les noirs et supérieurs en*
« *forces, malgré leur petit nombre, enlevaient par*
» *milliers, a forcé les Dinka qui vivaient dans*
« *la zône des Zéribas à renoncer à l'élevage. Ils*
« *sèment un peu de Dourrah, juste assez pour*
« *les besoins de l'existence et leur* **pauvreté**
« **les protège** *contre l'insatiable avidité des*
« *Zéribas.* »

« *Là où paissaient des milliers de bêtes à cornes*
« *c'est à peine si l'on rencontre une vache.* »

Ab uno disce omnes !

Notre rôle de colonisateur est donc bien tracé, il peut se résumer ainsi : ouvrir des voies de pénétrations stratégiques et commerciales, créer des centres et des agglomérations, protéger les indigènes et s'en faire aimer.

Ajoutez à cela une bonne administration, la colonisation se fera d'elle même ; disons encore, pourtant, que la colonisation la plus rapide est, aussi, la plus économique.

III

Mais, non !... l'Angleterre refuse ! elle tient à conserver son Sokoto, son Niger et sa Bénoué — qui, directement mène au lac Tchad : pensez donc ! il y a là, aussi, la « Royal Niger Company » et ses riches comptoirs et ses factoreries !

Adieu paniers, vendanges sont faites !

...Voyons pourtant... tout récemment, certains Gascons... d'Outre-Manche, se sont permis de démembrer — par l'imagination — notre belle France, s'en attribuant — comme de juste — les meilleures tranches, ne nous faisant même pas la charité de nous en abandonner les tristes restes, qu'ils offraient *libéralement* à l'Allemagne et à l'Italie...si, à notre tour nous leur prenions leur Sokoto ? ...par l'imagination, d'abord, — car, nous ne sommes pas des bandits, nous ! des pilleurs de peuples ! — par l'imagination, d'abord, puis, le cas échéant, s'il leur prenait fantaisie de mettre à exécution leurs vilaines menaces, bien réellement et d'une façon très effective.

Oh ! la chose est moins compliquée qu'ils ne le pensent !

Nous poussons *activement* la construction de la voie ferrée Trans-saharienne jusqu'à la frontière Sud de notre Soudan — qui est aussi la frontière Nord de leur Sokoto — en même temps, une autre voie ferrée, partant du *Congo-Boër* vient aboutir à la frontière Nord du Caméroun, devenu nôtre, — qui est aussi la frontière sud de leur Sokoto — en cas de guerre nous saurons où les prendre, nos bons amis d'Outre-Manche et, s'ils nous dévalisent en Asie c'est en Afrique que nous leur ferons rendre gorge ; le jour venu, ils ne bouderont pas, non plus, nos braves alliés du Sud-Africain !

P. S. Il est toujours bon d'avoir des otages, c'est notre meilleure garantie de paix, voilà pourquoi j'ai dit plus haut : il est préférable que le pays des Achantis et Sierra-Léone demeurent *encore* possessions anglaises.

A bon entendeur salut !

H. DE

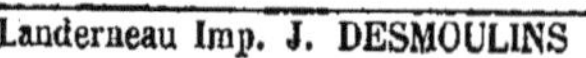

Landerneau Imp. J. DESMOULINS